Deutschlernen mit Bildern

In der Stadt

60 Fotokarten auf
Deutsch, Englisch, Französisch
und Arabisch

Verlag an der Ruhr

Impressum

Titel
Deutschlernen mit Bildern
In der Stadt – 60 Fotokarten auf Deutsch, Englisch, Französisch und Arabisch

Titelbildmotiv
© eyetronic | Fotolia.com

Verlag an der Ruhr
Mülheim an der Ruhr
www.verlagruhr.de

Geeignet für die Altersstufen 3–99

ISBN 978-3-8346-3153-4

Printed in Germany

Wo fange ich an, wenn keine Sprache vorhanden ist? Bilder sprechen eine universelle Sprache. Die Bilder auf diesen Karten sind einfach und eindeutig gehalten und ermöglichen eine schnelle Verständigung. So kann eine Frau durch einfaches Zeigen auf eine Abbildung des schwangeren Bauches auf eine noch nicht sichtbare Schwangerschaft hinweisen, ein Zeigen auf einen Körperteil kann Schmerzen lokalisieren oder ein vehementes Kopfschütteln zur Karte mit Nüssen eine lebensbedrohliche Nussallergie verraten. Als zusätzliche Kommunikationshilfe finden Sie auf der Rückseite das jeweilige Wort auf Deutsch, Englisch, Französisch und Arabisch abgedruckt.

Aber auch wenn bereits ein paar Sprachkenntnisse vorhanden sind, lohnt sich der Einsatz der Karten – bekanntermaßen lernen wir umso mehr, je mehr Sinne wir dabei einsetzen, und hier hilft insbesondere der visuelle Eindruck enorm. Zusätzlich sind die Karten farbig markiert, um das grammatikalische Geschlecht mitzulernen: „Der" ist blau, „die" rot und „das" grün markiert.

Durch ihre unterschiedlichen Einsatzmöglichkeiten eignen sich die Karten nicht nur für die Wortschatzarbeit, sondern auch die für viele weitere zentrale Themen des DaZ-/DaF-Unterrichts, wie Adjektive, Anlaute, Silben, Einzahl-Mehrzahl, Farben, Artikel, Satzbau oder Kommunikation.

Anbei möchten wir Ihnen ein paar Tipps zum Einsatz der Karten geben, viele weitere Ideen finden Sie als Download unter www.verlagruhr.de/zusatzdownloads

Viel Spaß und Lernerfolg wünscht Ihnen das Team vom Verlag an der Ruhr

Karten als Verständigungshilfe

(Kommunikation, Wortschatz)

Als einfachste Anwendungsmöglichkeit sind diese Karten zunächst zur Verständigung einzusetzen. Der Teilnehmer* kann auf das Wort zeigen, das ihm fehlt und Sie können ihn somit leicht sprachlich unterstützen. Achten Sie dabei nur darauf, dass es nicht beim Zeigen bleibt. Sprechen Sie dem Teilnehmer das gewählte Wort anschließend vor, schreiben Sie es auf. Bilden Sie, wenn möglich, ein paar Sätze damit, um es für ihn in einen Kontext zu betten. Führt der Teilnehmer bereits ein Lerntagebuch, sollte er den Begriff inklusive der passenden Sätze darin aufnehmen.

* Aus Gründen der besseren Lesbarkeit haben wir in diesem Set durchgehend die männliche Form verwendet. Natürlich sind damit auch immer Frauen und Mädchen gemeint, also Kursleiterinnen, Lehrerinnen, Schülerinnen etc.

Die Vokabel-Pauke *(Wortschatz)*

Beginnen Sie dieses Spiel mit zwei Wortkarten, die Sie mehrfach (mit Artikel!) deutlich vorlesen. Stellen Sie sicher, dass jeder Teilnehmer sie verstanden hat. Legen Sie beide Karten mit der Bildseite nach oben ab, nennen Sie eines der beiden Wörter und fordern Sie über Gesten dazu auf, auf das richtige Wort zu zeigen. Sobald der Lerner das Wort sicher und automatisiert bestimmen kann, nehmen Sie die nächste Karte hinzu, bis Sie mit vier Karten (später auch sechs oder acht) spielen. Nun nehmen Sie neue Karten dazu, legen aber immer nur eine Auswahl davon bereit. Wenn Sie merken, dass ein Wort noch häufiger Schwierigkeiten bereitet, sollte es in jeder Runde dabei sein, damit es besondere Aufmerksamkeit bekommt. Ein Wort, das mit absoluter Sicherheit 10-mal gefunden wurde, können Sie im Gegenzug immer seltener legen und irgendwann ganz aus dem Spiel nehmen. Sobald die Lerner die Bereitschaft zeigen zu sprechen, können Sie jede Runde mit der Aufgabe verbinden, das Wort nachzusprechen. Dieses Spiel können die Teilnehmer durch die Beschriftung auf der Rückseite auch miteinander in Partnerarbeit spielen. Dabei sollten Sie durch den Raum gehen und bei der korrekten Aussprache unterstützen.

Suche das Wort *(Wortschatz)*

Legen Sie die Bildkarten in der Mitte des Raumes breit verteilt auf den Boden. Nennen Sie nun jeweils einen Begriff – die Teilnehmer müssen dann so schnell wie möglich die entsprechende Karte finden und sich um die Karte stellen. Als Variante kann man mit Fliegenklatschen auf dem Tisch spielen. Wer als Erster auf den richtigen Begriff gehauen hat, gewinnt die entsprechende Karte.

Ich sehe was, was du nicht siehst *(Farben, Adjektive)*

Für dieses Spiel brauchen die Teilnehmer bereits ein paar sprachliche Vorkenntnisse. Legen Sie ein paar Karten für alle gut sichtbar aus und stellen Sie sicher, dass alle die Begriffe schon einmal gehört haben. Ein Teilnehmer beginnt nun, eine der Karten zu beschreiben: „Ich sehe was, was du nicht siehst und das ist … gelb. Es ist spitz." Die anderen Teilnehmer raten, um welchen Gegenstand es sich handeln könnte. Stellen Sie sich ggf. immer zu dem beschreibenden Teilnehmer und lassen sich ins Ohr flüstern, welchen Gegenstand er meint, dann können Sie ihn sprachlich unterstützen.

Der, die oder das? *(Artikel)*

Legen Sie drei leere DIN-A4-Blätter in rot, grün und blau zurecht. Die Bildkarten verteilen Sie an die Teilnehmer, sodass jeder die gleiche Anzahl vor sich liegen hat. Die Karten dürfen nicht gedreht werden, da der Artikel auf der Rückseite erkenntlich ist. Wer an der Reihe ist, legt seine Karte dem Artikel entsprechend auf das richtige farbige Blatt und spricht dazu das Wort mit dem Artikel. Ist es richtig, wiederholt die ganze Gruppe das Wort und die Karte bleibt liegen. Ist es falsch, nennen Sie das richtige Wort mit Artikel und der Teilnehmer muss die Karte behalten. Sieger ist, wer als Erster keine Karten mehr hat.

Quatsch *(Verneinung)*

Jeder Teilnehmer zieht eine Karte und formuliert einen beschreibenden Satz zum darauf abgebildeten Gegenstand, z. B. „Das Auto ist rot". Die anderen Teilnehmer müssen dabei darauf achten, ob der Satz richtig ist oder nicht. Wenn der Satz falsch ist, rufen die anderen Teilnehmer laut „Quatsch!". Nehmen Sie dann einen der Teilnehmer an die Reihe, der den Satz korrigiert, z. B. „Das Auto ist nicht rot, das Auto ist gelb". Dabei üben Sie zugleich auch die Verneinung.

Klatsch mich! *(Silben, Rhythmus)*

Legen Sie jeweils vier Karten sichtbar nebeneinander und klatschen Sie den Rhythmus des Wortes, also die Silbenzahl plus Wortakzent. Die Teilnehmer müssen nun raten, welches Wort Sie gemeint haben. Später können die Teilnehmer selbst versuchen, den Rhythmus vorzumachen. Einfacher wird es, wenn Sie die Wörter nicht nur klatschen, sondern summen oder in bedeutungslosen Silben sprechen: Der Begriff „Straßenbahn" klingt dann „TA ta ta", während „Auto" so klingt: „TA ta". Sie sollten natürlich darauf achten, dass Sie keine gleichklingenden Karten zusammen bereitlegen (oder dies vorher erwähnen, und die Teilnehmer müssen dann alle silbengleichen finden).

Größenwahn *(Adjektivsteigerungen)*

Sortieren Sie mit Ihren Teilnehmern die Karten nach der Größe des abgebildeten Gegenstands. Dies wird sicherlich keine einfache Aufgabe sein – vor allem ist es eine, die keine eindeutige Lösung hat. Trotz oder gerade wegen des Diskussionsbedarfs macht dies Spaß und es werden viele Adjektive in ihren Steigerungsformen geübt – denn wer weiß schon auf Anhieb, ob ein Bus größer als eine Straßenbahn ist oder ein Dachboden kleiner als ein Keller?

1

der Arzt

die Ärzte

doctor

le docteur

الطبيب

B
B
22
23
24
25

2

der Bahnhof

die Bahnhöfe

station

la gare

المحطة

3

der Bürgersteig

die Bürgersteige

pavement/sidewalk

le trottoir

الرصيف

4

der Bus

die Busse

bus

le bus

الحافلة

6

der Fluss

die Flüsse

river

le fleuve

النهر

© sanjagrujic | Fotolia.com

7

der Geldautomat

die Geldautomaten

cash machine

le distributeur automatique de billets

الصراف الآلي

8

der Imbiss

die Imbisse

snack bar

le snack-bar

محل الوجبـــات الخفيفــــــة و الســـــريعة

9

der Kindergarten

die Kindergärten

nursery/preschool

l'école maternelle (f.)

حضانة الأطفال

Frankfurter Allgemeine
ZEITUNG FÜR DEUTSCHLAND
Marlboro
DIE WELT
Marlboro
DRUM
Marlboro
Lights
PHILIP MORRIS
Chesterfield
Marlboro
Marlboro
Menthol
Marlboro
Lights

10

der Kiosk

die Kioske

kiosk

le kiosque

الدكان

RETTUNGSDIENST
112
RETTUNGSDIENST

11

der Krankenwagen

die Krankenwagen

ambulance

l'ambulance (f.)

سيارة الإسعاف

der Lkw (Lastkraftwagen)

die Lkws

truck

le camion

الشاحنة

13

der Markt

die Märkte

market

le marché

السوق

© dusk | Fotolia.com

14

der Park

die Parks

park

le parc

الحديقة العامة

15

der Parkplatz

die Parkplätze

parking

le parking

موقف انتظار السيارات

16

der Radweg

die Radwege

bike path

la piste cyclable

طريق الدراجة

17

der See

die Seen

lake

le lac

البحر / البحيرة

18

der Spielplatz

die Spielplätze

playground

le terrain de jeux

مكان للعب

19

der Sportplatz

die Sportplätze

sports field

le terrain de sport

الملعب الرياضي

© shock | Fotolia.com

20

der Supermarkt

die Supermärkte

supermarket

le supermarché

السوبر ماركت

36
23
24
25
26
18 kg

21

der Waschsalon

die Waschsalons

self service laundry

la laverie automatique

مغسلة الملابس

der Zebrastreifen

die Zebrastreifen

pedestrian crossing

le passage piétons

خط المشاة

1

der Zug

die Züge

train

le train

القطار

die Ampel

die Ampeln

traffic light

les feux (m.)

إشارة المرور

© Holger Luck | Fotolia.com

25

die Apotheke

die Apotheken

pharmacy

la pharmacie

الصيدلية

die Bäckerei

die Bäckereien

bakery

la boulangerie

المخبز

KASSE
CHANGE

die Bank

die Banken

bank

la banque

البنك

die Bücherei

die Büchereien

library

la bibliothèque

المكتبة

H
H

29

die Bushaltestelle

die Bushaltestellen

bus stop

l'arrêt de bus (m.)

محطة الحافلات

die Feuerwehr

die Feuerwehren

fire brigade

les pompiers (m.)

رجال الإطفاء

31

die Innenstadt

die Innenstädte

city centre

le centre-ville

وسط المدينة

© industrieblick | Fotolia.com

32

die Kasse

die Kassen

cash register

la caisse

خزينة المحاسبة

die Kirche

die Kirchen

church

l'église (f.)

الكنيسة

die Kneipe

die Kneipen

pub

le bar

الخمارة

die Kreuzung

die Kreuzungen

crossroads

le carrefour

التقاطع

36

die Moschee

die Moscheen

mosque

la mosquée

المسجد

die Müllabfuhr

die Müllabfuhren

refuse disposal service

le ramassage des ordures

جمع القمامة

POLIZEI
POLIZEI
POLIZEI

die Polizei

die Polizeien

police

la police

الشرطة

die Post

–

post office

la poste

البريد

40

die Rolltreppe

die Rolltreppen

escalator

l'escalier roulant (m.)

الدرج الكهربائي

Dd
Uu
Rr
Hh
Ff Gg

41

die Schule

die Schulen

school

l'école (f.)

المدرسة

© anweber | Fotolia.com

42

die Stadt

die Städte

city

la ville

المدينة

die Straße

die Straßen

street

la rue

الشارع

44

die Straßenbahn

die Straßenbahnen

tram

le tram

قطار الشارع/الترام

← Asansör
Lift

die U-Bahn

die U-Bahnen

underground

le métro

مترو الأنفاق

© mhackshaw | Fotolia.com

46

die Unterführung

die Unterführungen

pedestrian underpass

le passage souterrain

النفق

47

das Auto

die Autos

car

la voiture

السيارة

das Café

die Cafés

café

le café

المقهى

© Christian Pedant | Fotolia.com

49

das Dorf

die Dörfer

village

le village

القرية

© zhu difeng | Fotolia.com

50

das Einkaufscenter

die Einkaufscenter

shopping mall

le centre commercial

مركز التسوق

51

das Fahrrad

die Fahrräder

bicycle

la bicyclette/le vélo

الدراجة

52

das Flugzeug

die Flugzeuge

plane

l'avion (m.)

الطائرة

53

das Kaufhaus

die Kaufhäuser

department store

le grand magasin

المتجر

54

das Krankenhaus

die Krankenhäuser

hospital

l'hôpital (m.)

المستشفى

das Motorrad

die Motorräder

motorbike

la moto

الدراجة النارية

56

das Rathaus

die Rathäuser

town hall

la mairie

مبنى البلدية

57

das Restaurant

die Restaurants

restaurant

le restaurant

المطعم

58

das Schiff

die Schiffe

ship

le navire

السفينة

das Schwimmbad

die Schwimmbäder

swimming pool

la piscine

المسبح

© Monkey Business | Fotolia.com

das Wartezimmer

die Wartezimmer

waiting room

la salle d'attente

غرفة الإنتظار